Barbara Rias-Bucher

MAGIC MAXX

REZEPTE

Weltbild

Inhalt

Blitzschnell kochen mit dem Magic Maxx

Das Magic-Maxx-Logo mit der geflügelten Fee verspricht nicht zu viel: Richtig eingesetzt ist der handliche, hübsche Mixer tatsächlich ein Zauberstab. Fitness-Drinks mit Obst und Gemüse, Flips und Frappés, Pasta-Party-Saucen und Dressings – all das mixen Sie mit dem Magic Maxx buchstäblich im Handumdrehen. Die reine Arbeitszeit beträgt bei jedem Rezept höchstens zehn Minuten. Das geht deshalb so schnell, weil ein Arbeitsgang mit dem Magic Maxx nie länger als 50 Sekunden dauert. Länger als eine Minute am Stück sollte der Maxx auch gar nicht laufen.

Nun ist Mixen mit einem Mixer ja nichts Besonderes. Deshalb wollte ich es genauer wissen und testete den kleinen Maxx beim Kochen und Backen. Fazit: Optimale Ergebnisse bei minimalem Aufwand. Die Dillsauce zur Forelle ist sahnig leicht und garantiert klümpchenfrei. Crespelle-Teig und Sahneschlagen geht so rasant, dass man gar nicht erst anfängt, die Sekunden zu zählen. Sogar meine Lieblingsmuffins mit Bananen waren flugs wie nie im Ofen, und mein Lieblingssalat mit Couscous und Gemüse ist mit viel weniger Öl als sonst ganz wunderbar saftig geraten.

Ist der Magic Maxx als Mixer nur riesig praktisch, wird er durch die vier Becher zum regelrechten Party-Gag. Darin mixt sich jeder Gast ganz nach Lust und Laune aus bereitgestellten Zutaten alles, was das Schlemmerherz begehrt: farbenfrohe Cocktails zur blauen Stunde, ein erfrischendes Sorbet beim festlichen Menü, das sahnige Eis beim Sommerfest, bunte Rühreier zum gemütlichen Brunch, raffinierte Saucen bei der Heißer-Stein-Party auf der Terrasse oder dem weihnachtlichen Fondue-Abend. Frisch geriebener Parmesan kommt direkt aus dem Becher auf Ihre dampfend heiße Pasta, duftendes Basilikum über den Teller mit Tomaten und Mozzarella, fruchtiger Ingwer übers köstliche China-Essen aus dem Tisch-Wok.

Das ist eben das Schöne am Magic Maxx: Man freut sich, dass alles so prima klappt, spart richtig viel Zeit, wagt sich ans Experimentieren, hat allein und mit Freunden eine Menge Spaß.

Gutes Gelingen und viele Ideen wünscht Ihnen
Barbara Rias-Bucher

So nutzen Sie den Magic Maxx

① Zum Hacken, Zerkleinern und Pürieren nimmt man das Kreuzmesser – je nach Menge mit Mixer oder einem der Becher.

② Feste Zutaten wie Gemüse, Zwiebeln, Kartoffeln, Obst, Käse oder Schokolade zum Zerkleinern, Pürieren und Hacken immer grob zerschneiden.

③ Wenn Sie für ein Rezept Nüsse oder Mandeln, Käse und Gemüse brauchen: Alle Zutaten getrennt und nacheinander im Becher zerkleinern. Das geht am schnellsten, denn Sie brauchen weder Becher noch Messer zwischen den einzelnen Arbeitsschritten zu säubern.

Bitte benutzen Sie den Magic Maxx nur gemäß der Bedienungsanleitung. Lassen Sie Kinder nicht unbeaufsichtigt mit dem Gerät hantieren.

④ Beim Zerkleinern und Pürieren im Mixer den weißen Stopfer zum Nachschieben verwenden. Niemals mit einem anderen Gerät oder gar den Händen in den Mixer greifen!

⑤ Zum Teigrühren, Sahneschlagen und Verquirlen nimmt man das Flachmesser – je nach Menge mit dem entsprechenden Gefäß.

⑥ Flüssigen Teig zum Beispiel für Pfannkuchen können Sie mit allen Zutaten gleich im Mixer zubereiten: Eier und Flüssigkeit einfüllen, Mehl und Salz darauf streuen und durchmixen.

⑦ Festen Teig zum Beispiel für Muffins machen Sie in zwei Arbeitsschritten: Mehl und alle trockenen Zutaten in einer Schüssel mischen. Eier mit allen feuchten oder flüssigen Zutaten erst im Mixer verquirlen, dann zum Mehl gießen.

⑧ Zum schnellen Säubern von Mixer, Bechern und Messern nimmt man eine Flaschenbürste mit heißem Wasser und einem Tropfen Spülmittel. Sie können den Mixer mit Deckel und Becher auch in der Spülmaschine reinigen.

RAFFINIERTE REZEPTE MIT »MAGIC«

Zeitgemäß Kochen, das bedeutet gesunde Zutaten und schonende Zubereitung. Es heißt aber vor allem für viele Menschen heute, schnell und kreativ zu kochen, mit einem Minimum an Aufwand und immer neuen Kombinationen einiger erprobter Grundrezepte.
Kleine Familien, Singles und Leute, die gerne Gäste bewirten, profitieren gleichermaßen vom Magic Maxx: Der Küchenhelfer verkürzt die Vorbereitung beim Kochen auf Sekunden, erleichtert die wichtigsten Handgriffe und läßt sich sogar bei Tisch optimal nutzen.

Testen Sie mit diesem kleinen Rezeptbuch selber die Vorteile des Magic Maxx:

- Gemüse und Obst sind im Nu püriert.
- Nüsse und Käse kommen frisch zerkleinert auf den Tisch.
- Cremige Suppen und raffinierte Saucen gelingen garantiert.
- Für köstliche Dips und feine Brotaufstriche brauchen Sie nur Sekunden.
- Sogar Gratins, Pancakes und Waffeln sind rasch fertig.

Sie finden Rezepte für alle Gelegenheiten: von Suppe und Snack, Salat und Vorspeise über Party-Fingerfood und Hauptgericht bis zu Dessert, Konfekt und Gebäck. Dazu noch eine Menge erfrischende Drinks, mit und ohne Alkohol.

Hauptsache »Magic«

Der Magic Maxx macht Kochen selbst nach einem langen Arbeitstag zum reinen Vergnügen: Mit dem flinken Küchenhelfer lassen sich frische Zutaten so gut vorbereiten, viele Arbeitsgänge so rasch bewältigen, dass Sie mühelos ein feines Essen auf den Tisch bringen können.
Dazu stehen in diesem ersten Kapitel viele Rezepte – als kurze Anleitung, wie Sie den kleinen Maxx am besten einsetzen. Und natürlich als Anregung, wie Sie Ihre eigenen Lieblingsgerichte damit zubereiten.
Testen Sie den Magic Maxx auch bei Ihrer nächsten spontanen Fete. Sie brauchen nicht allein in der Küche zu stehen, sondern können den ganzen Abend mit Ihren Freunden gemeinsam genießen – buchstäblich!
Denn mit dem Magic Maxx bereiten Sie Saucen und Dips »live« vor den Augen der Gäste zu. Und natürlich darf jeder auch mal selber mixen!

Brokkoli-Cremesuppe

Sie brauchen: Mixer, Kreuzmesser
Zubereitung: 10 Minuten
Ergibt 4 Portionen

- 1/4 l Brühe (Instant)
- 1 Paket TK-Brokkoli (300 g)
- 1/4 l Milch
- 1 gehäufter EL Mehl
- 1–2 EL weiche Butter
- Salz, Pfeffer aus der Mühle
- Muskatnuss

Die Brühe aufkochen. Den gefrorenen Brokkoli darin zugedeckt 5 Minuten garen. Einige Röschen zum Garnieren herausnehmen, den Rest mit Brühe, Milch, Mehl und Butter im Mixer mit dem Kreuzmesser pürieren.

Das Püree wieder in den Topf geben und kurz aufkochen lassen. Mit Salz, Pfeffer aus der Mühle und geriebener Muskatnuss würzen. Mit den Brokkoliröschen anrichten.

GEMÜSECREMESUPPE Nehmen Sie 300 Gramm gemischtes frisches oder TK-Gemüse, ersetzen die Milch durch 1/8 Liter Instant-Brühe und geben noch 100 Gramm Schmant mit in den Mixer.

BOHNEN-CREMESUPPE Eine kleine Dose rote Bohnen (400 Gramm) abtropfen lassen, mit 1/4 Liter Wasser und 3 Salbeiblättchen pürieren, mit Suppenwürze und Butter aufkochen und mit 2 Esslöffeln Sahne verfeinern. Mit Salz und Pfeffer abschmecken.

Fixe Kartoffelsuppe

Sie brauchen: kleinen Becher, Mixer, Kreuzmesser
Zubereitung: 10 Minuten
Ergibt 4 Portionen

- 300 g mehlige Kartoffeln
- 1 Zwiebel
- 3/8 l Hühnerbrühe
- 1 TL getrockneter Majoran
- 50 g Butter
- 2 EL Crème fraîche
- Salz, weißer Pfeffer
- 1 EL Zitronensaft

Die Kartoffeln schälen, waschen und würfeln. Mit der geschälten, halbierten Zwiebel nach und nach im Mixer mit dem Kreuzmesser pürieren, dabei die Brühe zugießen.

In einem Topf mit Majoran und Butter aufkochen und zugedeckt etwa 5 Minuten garen. Crème fraîche unterrühren und die Suppe mit Salz, Pfeffer und Zitronensaft pikant abschmecken.

VARIANTE Eine erfrischende Sommer-Suppe wie oben zubereiten, abkühlen lassen und zugedeckt 2 Stunden kühlen. Eine reife Tomate im kleinen Becher mit dem Kreuzmesser pürieren. Mit einer Gabel locker unter die Suppe mischen. Mit Basilikumzweigen garnieren.

China-Sherry-Dip

Sie brauchen: kleinen Becher, Kreuzmesser
Zubereitung: 3 Minuten
Ergibt 2 Portionen

- 1 Stück frischer Ingwer
- 1 Knoblauchzehe
- 2 EL Zitronensaft
- 4 EL trockener Sherry
- 4 EL Sojasauce
- 1 TL Honig
- 8 EL Erdnussöl

Ingwer und Knoblauch schälen und grob zerkleinern. Mit Zitronensaft, Sherry, Sojasauce, Honig und Öl im kleinen Becher mit dem Kreuzmesser mixen, bis der Dip sämig ist.

APFELSAFTDIP MIT SESAM Den Sherry durch Apfelsaft und den Honig durch braunen Zucker ersetzen. Zusätzlich 1 Esslöffel geschälte Sesamsamen zugeben und alles mixen.

FEURIGER MINZ-DIP ⅛ Liter extra starken Pfefferminztee (aus 2 Beuteln Tee frisch gekocht) mit 1 getrockneten roten Chilischote, 1 geschälten Knoblauchzehe und 3 Esslöffel Öl aufmixen.

KRÄUTERDIP 4 Esslöffel Weißweinessig mit 1 Esslöffel scharfem Senf, 1 Teelöffel Zucker, 1 Hand voll gewaschenen Kräuterblättchen, 1 geschälten Knoblauchzehe, Salz, 1 Teelöffel grünen Pfefferkörnern und 8 Esslöffeln Olivenöl im großen Becher mit dem Kreuzmesser aufmixen. Schmeckt köstlich zu Fleisch-Fondue oder gebratenem Fisch.

Cocktailsauce

Sie brauchen: Mixer, Kreuzmesser
Zubereitung: 5 Minuten
Ergibt 4 Portionen

- 1 große grüne Paprikaschote
- 1 Bund Petersilie
- 200 g Tomatenketchup
- 2 EL Tomatenmark
- 2 EL Meerrettich (Glas)
- Salz, Cayennepfeffer
- Eventuell Tabascosauce

Die Paprikaschote waschen, vierteln, die Kerne und Trennwände herausschneiden. Die Petersilie waschen und trockentupfen.

Beide Zutaten mit Ketchup, Tomatenmark und Meerrettich im Mixer mit dem Kreuzmesser pürieren. Die Sauce mit Salz, Cayennepfeffer und Tabascosauce scharf abschmecken.

TIPP Stellen Sie bei der Fingerfood-Party oder dem Fondue-Abend einfach die Zutaten für die Saucen auf Schälchen oder gleich in den Bechern bereit. Dazu den Magic Maxx mit Mixer – dann kann sich jeder seine Sauce nach Wunsch zubereiten.

Hummus ▷

Sie brauchen: Mixer, kleinen Becher, Kreuzmesser
Zubereitung: 10 Minuten
Ergibt 4 Portionen

- 1 große Dose Kichererbsen (etwa 800 g)
- 2 Knoblauchzehen
- 4 EL Sesammus (Tahin)
- Salz
- ¼ TL gemahlener Kreuzkümmel
- 2–3 EL Zitronensaft
- 3 EL natives Olivenöl extra
- ½ Bund Petersilie
- ½ TL Paprikaflocken oder etwas Paprikapulver

Kichererbsen abgießen und kalt abspülen. Knoblauch schälen. Beides mit Sesammus, Salz, Kreuzkümmel und Zitronensaft im Mixer mit dem Kreuzmesser pürieren. Mit dem Olivenöl mischen und in einer Schüssel anrichten.

Die Petersilie waschen, trockentupfen und im kleinen Becher mit dem Kreuzmesser zerkleinern. Mit den Paprikaflocken auf dem Hummus verteilen.

Hummus schmeckt köstlich mit Tomatenachteln und Fladenbrot.

TIPP Tahin, eine Creme aus Sesamkörnern, bekommen Sie in türkischen Supermärkten und in Reformhäusern. Helles Tahin aus geschältem Sesam schmeckt sanft nussig.

VARIANTE Für mehr Schärfe zusätzlich eine getrocknete rote Chilischote mitpürieren.

Avocadocreme

Sie brauchen: Mixer, kleinen Becher, Kreuzmesser
Zubereitung: 10 Minuten
Ergibt 4 Portionen

- ½ Bund glatte Petersilie
- 3 reife Avocados
- 1 Zitrone
- 2 EL Crème fraiche
- Salz, Cayennepfeffer

Die Petersilie waschen, trockentupfen und im kleinen Becher mit dem Kreuzmesser zerkleinern.

Die Avocados quer halbieren, die Kerne herauslösen, das Fruchtfleisch mit einem Esslöffel aus den Schalen holen und in den Mixer mit dem Kreuzmesser geben. Ausgepressten Zitronensaft und Crème fraiche zufügen und pürieren.

Die Creme mit Salz und Cayennepfeffer scharf oder mild abschmecken und mit der Petersilie mischen.

MEXIKANISCHE GUACAMOLE Das Avocadofleisch mit dem Saft von 2 Limetten, ½ getrockneten roten Chilischote, Salz und 2 Esslöffeln Olivenöl pürieren. 1 Esslöffel frischen Koriander fein schneiden und untermischen.

Barbecue-Sauce ▷

Sie brauchen: Mixer, kleinen Becher, Kreuzmesser
Zubereitung: 10 Minuten
Ergibt 4 Portionen

- 1 Zwiebel
- 2 Knoblauchzehen
- 250 g Tomatenketchup
- 100 ml Ananassaft
- ½ TL Worcestersauce
- 2–3 Tropfen Tabascosauce
- Salz
- 1 TL Erdnussöl
- ½ Bund Petersilie

Zwiebel und Knoblauch schälen. Mit Tomatenketchup, Ananassaft, Worcester- und Tabascosauce, Salz, Pfeffer und Erdnussöl im Mixer mit dem Kreuzmesser pürieren.

Petersilie waschen, trockentupfen und im kleinen Becher mit dem Kreuzmesser zerkleinern. Unter die Sauce mischen. Zu Fondue oder Fleisch vom (Holzkohlen-)Grill servieren.

TIPP Auch lecker als Grillglasur für Geflügel und Spareribs; lassen Sie in diesem Fall die Petersilie weg, und nehmen Sie 2 Esslöffel Olivenöl.

ORIGINAL-BARBECUE-SAUCE 4 reife Tomaten, Zwiebel, Knoblauch und 200 Gramm frische Ananas in Stücke schneiden und wie oben pürieren. Alles in 2 Esslöffel Chiliöl schmoren, 1 Teelöffel getrocknetes Basilikum oder Thymian zugeben und einkochen. Mit Salz und 1 Esslöffel braunem Zucker abschmecken.

Käsedip

Sie brauchen: Mixer, Kreuzmesser
Zubereitung: 10 Minuten
Ergibt 4 Portionen

- 200 g weicher Schafkäse
- 150 g Kräuter-Crème-fraîche
- 1 Knoblauchzehe
- 3 Stängel Basilikum
- 1 TL Zitronensaft
- Zitronenpfeffer

Schafkäse, Kräuter-Crème-fraîche, geschälten Knoblauch und gewaschenes Basilikum mit Zitronensaft und Zitronenpfeffer im Mixer mit dem Kreuzmesser aufmixen.

SCHARFER SENFDIP 200 Gramm Frischkäse mit 200 Gramm saurer Sahne und ½ Esslöffel scharfem Senf im Mixer mit dem Flachmesser mixen. Nach Wunsch mit 1 großen Messerspitze Harissa (tunesische Chili-Paste) und Kräutersalz abschmecken.

KÄSEBUTTER Je etwa 30 Gramm Parmesan und Bergkäse im Mixer mit dem Kreuzmesser zerkleinern. 125 Gramm ganz weiche Butter mit 1 Esslöffel Kirschwasser zugeben und alles mixen. Mit gehackter Petersilie, Salz und Pfeffer würzen.

Pasta-Party-Sauce

Sie brauchen: Mixer, Kreuzmesser

Zubereitung: 10 Minuten

Ergibt 4 Portionen

- 50 g mittelalter Parmesan
- 125 g Gorgonzola
- 50 g weiche Butter
- 100 ml Milch
- 100 g Sahne
- Salz, Pfeffer aus der Mühle
- 1–2 TL Zitronensaft

Den Parmesan im Mixer mit dem Kreuzmesser zerkleinern. Gorgonzola, Butter, Milch und Sahne zufügen und zu einer glatten Sauce mixen.

In einen Kochtopf gießen und unter Rühren bei mittlerer Hitze heiß werden lassen, aber nicht aufkochen. Die Sauce mit Salz, Pfeffer und Zitronensaft abschmecken.

VARIANTE 2 Esslöffel Pinienkerne und 2 geschälte Knoblauchzehen im kleinen Becher mit dem Kreuzmesser zerkleinern. 60 Gramm mittelalten Parmesan im Mixer mit dem Kreuzmesser zerkleinern. 2 Hand voll Basilikumblätter, Pinienkerne und Parmesan, 100 Gramm Schmant und 2 Esslöffel natives Olivenöl extra zugeben und alles zu einer glatten Paste mixen. Mit Salz abschmecken.

Sauce zur Forelle

Sie brauchen: kleinen Becher, Kreuzmesser, Mixer, Flachmesser

Zubereitung: 10 Minuten

Ergibt 4 Portionen

- 1 Bund Dill
- 1 gehäufter EL Mehl
- $\frac{1}{8}$ l kalte Milch
- $\frac{1}{8}$ l Gemüsebrühe (Instant)
- 1 Eigelb
- 100 g Sahne
- 40 g Butter
- Salz, Pfeffer aus der Mühle
- 1–2 TL Zitronensaft

Den Dill waschen, trockentupfen und im kleinen Becher mit dem Kreuzmesser zerkleinern. Mehl mit Milch, Brühe, Eigelb und Sahne im Mixer mit dem Flachmesser durchmixen.

In einen Kochtopf gießen, die Butter zufügen und die Sauce unter Rühren aufkochen, bis sie dick ist. Den Dill untermischen. Mit Salz, Pfeffer und Zitronensaft abschmecken.

VARIANTE Für eine Sauce zu Spargel 100 Gramm rohe Schinkenscheiben im Mixer mit dem Kreuzmesser zerkleinern. In 1 Esslöffel heißer Butter anschwitzen. 1 gehäuften Esslöffel Mehl, $\frac{1}{4}$ Liter kalte Spargelbrühe, 150 Gramm Kräuter-Crème-fraîche und 1 Eigelb wie oben mixen. Die Sauce zum Schinken gießen und wie oben zubereiten. Mit wenig Salz, weißem Pfeffer aus der Mühle und etwas Zitronensaft kräftig abschmecken.

Couscous-Salat

Sie brauchen: alle Becher, Kreuzmesser
Zubereitung: 10 Minuten
Ergibt 4 Portionen

- 150 ml kräftige Gemüsebrühe (Instant)
- 2–3 EL Olivenöl
- 100 g Instant-Couscous
- 1 kleine Stange Sellerie mit Blättern
- 1 Spitzpaprikaschote
- 1 Hand voll gemischte Kräuter (Petersilie, Basilikum, Dill, Minze)
- 1 Minigurke
- 1 kleine Karotte
- 2–3 EL Zitronensaft
- Salz, Pfeffer aus der Mühle

Die Brühe aufkochen, 1 Esslöffel Öl zugeben, Couscous einstreuen und zugedeckt auf der abgeschalteten Kochstelle quellen lassen.

Sellerie, Paprikaschote und Kräuter waschen und abtrocknen. Gurke und Karotte schälen. Das Gemüse in Stücke teilen, dabei die Trennwände und Kerne der Paprikaschote entfernen. Gurke und Sellerie in dem kleinen, Karotte und Paprika mit den Kräutern in dem großen Bechern mit dem Kreuzmesser zerkleinern. Alles in eine Schüssel geben.

Damit das Couscous sich vom Topfboden löst, stellen Sie den Topf kurz ins Spülbecken mit etwas kaltem Wasser. Das noch heiße Couscous, Zitronensaft und 1 oder 2 Esslöffel Öl zum Gemüse geben und alles mit einer Gabel mischen. Mit Salz und Pfeffer abschmecken.

TIPP Beim Zerkleinern dürfen ein paar größere Karotten- und Selleriestückchen übrig bleiben, die dem Salat noch mehr Biss geben.

Tomaten & Mousse

Sie brauchen: Mixer, Kreuzmesser
Zubereitung: 10 Minuten
Ergibt 3–4 Portionen

- 3 Tomaten
- Salz, Pfeffer aus der Mühle
- 4 TL Balsamessig
- 100 g roher Schinken
- 1 kleine Zwiebel
- 2 EL Sahne, 1 TL Olivenöl
- ½ Päckchen italienische Kräuter (TK)
- 1–2 TL Zitronensaft

Die Tomaten waschen, abtrocknen und in Scheiben schneiden. Auf einer Platte oder auf Portionstellern anrichten, mit Salz und Pfeffer bestreuen, mit dem Balsamessig beträufeln.

Die Schinkenscheiben nach Wunsch vom Fettrand befreien. Die Zwiebel schälen, vierteln und den Ansatz ausschneiden. Schinken und Zwiebel mit der Sahne in den Mixer mit dem Kreuzmesser geben und zu einer glatten Masse mixen.

Das Öl und die Kräuter untermischen, Mousse mit Zitronensaft, Salz und Pfeffer würzen und auf den Tomaten verteilen. Mit Landbrot oder Ciabatta servieren.

Maisbällchen ▷

Sie brauchen: Mixer, Kreuzmesser, großen Becher, Flachmesser

Zubereitung: 10 Minuten

Backzeit: 30 Minuten

Ergibt 4 Portionen

- 300 g frische Ananas
- 1 TL Zitronensaft
- ½ TL Tabascosauce
- 1 TL Zucker
- 1 EL 8-Kräuter (TK)
- 500 g feines Maismehl
- 1 EL brauner Zucker
- 1 TL Zitronenschale
- 1 Prise Salz
- ½ Päckchen Backpulver
- 250 g Buttermilch
- 1 Ei
- Fett zum Frittieren

Die Ananas schälen und grob würfeln. Mit Zitronensaft im Mixer mit dem Kreuzmesser pürieren. Tabasco, Zucker und Kräuter untermischen.

Maismehl, Zucker, Zitronenschale, Salz und Backpulver in einer Schüssel mischen. Buttermilch und Ei im großen Becher mit dem Flachmesser verquirlen. Zum Mehl gießen und mit einem Kochlöffel vermischen.

Fett (Öl oder Kokosfett) zum Frittieren erhitzen. Den Teig portionsweise mit zwei Teelöffeln als etwa walnussgroße Krapfen ins heiße Öl geben und in 3 bis 4 Minuten goldbraun backen. Auf Küchenpapier abtropfen lassen und noch heiß zum Dip servieren.

VARIANTE Für Maisbällchen mit Karambolen-Dip 4 reife Karambolen und 2 Tomaten im Mixer mit dem Kreuzmesser pürieren. Mit ½ Päckchen italienischen Tiefkühl-Kräutern mischen, mit braunem Zucker, Salz und Cayennepfeffer abschmecken.

Crespelle mit Spinat

Sie brauchen: Mixer, Flachmesser, kleinen Becher, Kreuzmesser

Zubereitung: 10 Minuten

Backzeit: 25 Minuten

Ergibt 4 Portionen

- 1 Paket Rahmspinat (300 g)
- 3 Eier
- 200 ml Milch, 100 g Mehl
- Salz, Fett zum Braten
- 50 g mittelalter Parmesan
- 250 g Mascarpone
- Pfeffer aus der Mühle
- 1 EL Zitronensaft
- 3 EL Sahne, 1 EL Butter

Den Spinat auftauen lassen. Die Eier und die Milch in den Mixer mit dem Flachmesser geben. Mehl und Salz zugeben. Alles zu einem Teig mischen. In einer kleinen, beschichteten Pfanne in heißem Fett dünne Pfannkuchen backen und abkühlen lassen. Den Ofen auf 200 °C vorheizen (Umluft 180 °C, Gas Stufe 4).

Parmesan im kleinen Becher mit dem Kreuzmesser zerkleinern. Spinat mit etwa 200 Gramm Mascarpone, Salz, Pfeffer und Zitronensaft im Mixer mit dem Kreuzmesser mixen. Pfannkuchen dünn damit bestreichen, aufrollen und in eine gefettete Gratinform legen. Restlichen Mascarpone und Sahne im Mixer mit dem Flachmesser mischen und über die Crespelle gießen. Parmesan und Butterstücke darübergeben. Im Ofen (mittlere Schiene) etwa 25 Minuten backen.

Lachs-Knusperbrot

Sie brauchen: Mixer, kleinen Becher, Kreuzmesser
Zubereitung: 15 Minuten
Backzeit: 30 Minuten
Ergibt 6 Portionen

- 4 Eier
- 3–4 Stängel Petersilie
- 200 g Räucherlachs
- Saft von 1 Zitrone
- 1 EL Olivenöl
- Salz, Pfeffer aus der Mühle
- 1 Baguette (400 g)

Die Eier in etwa 8 Minuten hart kochen. Kalt abschrecken, schälen und halbieren. Eiweiß vom Eigelb trennen. Eiweiß mit der gewaschenen Petersilie im kleinen Becher mit dem Kreuzmesser zerkleinern.

Die gekochten Eigelbe mit Lachs, Zitronensaft und Öl im Mixer mit dem Kreuzmesser pürieren. Mit Salz und Pfeffer abschmecken.

Baguette schräg in Scheiben schneiden und im Toaster goldgelb rösten. Oder alle Scheiben auf einem Backblech im vorgeheizten Backofen bei 200 °C (Umluft 180 °C, Gas Stufe 3–4) rösten. Die Brotscheiben etwas abkühlen lassen und mit der Lachscreme bestreichen. Die Eiweiß- und Petersilienmasse gleichmäßig darauf verteilen.

Pikante Häppchen

Sie brauchen: Großen Becher, Kreuzmesser
Muffinblech mit 1 cm tiefen Mulden
Zubereitung: 10 Minuten
Backzeit: 15–20 Minuten
Ergibt 24 Häppchen

- 80 g Butter
- 1 kleine Karotte (100 g)
- 100 g Emmentaler Käse
- 50 g ungeschälte Mandeln
- 100 g Mehl
- ½ TL Salz, Pfeffer
- 1 ½ TL Trockenhefe
- 1 großes Ei
- Knapp 100 ml Milch

Den Backofen auf 180 °C vorheizen (Umluft 160 °C, Gas Stufe 2). Die Butter zerlassen. Karotte schälen und in drei Stücke schneiden. Emmentaler Käse in Stücke teilen.

Zuerst die Karottenstücke, dann den Käse und zuletzt die Mandeln im großen Becher mit dem Kreuzmesser zerkleinern. Alle drei Zutaten mit Mehl, Salz, einer kräftigen Prise Pfeffer und der Hefe in einer Schüssel mischen.

Das Ei, die Milch und die flüssige Butter im großen Becher mit dem Kreuzmesser einige Sekunden mixen. Zur Mehlmischung geben. Den Teig mit einem Kochlöffel kräftig verrühren.

Das Muffinblech einfetten und den Teig in den Mulden verteilen. Die Häppchen im heißen Backofen (mittlere Schiene) etwa 15 Minuten backen, bis sie goldgelb gebräunt sind.

Brunch-Rühreier

Sie brauchen: Mixer, Kreuzmesser
Zubereitung: 10 Minuten
Ergibt 1–2 Portionen

- 100 g Austernpilze
- 1 Knoblauchzehe
- 2 Stängel Petersilie
- 2 Eier
- Salz, Pfeffer aus der Mühle
- Butter oder Öl zum Braten

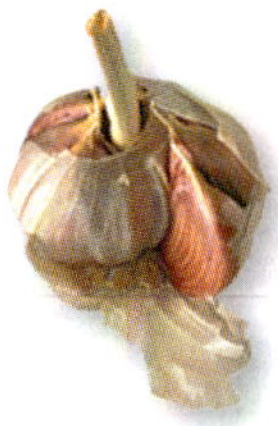

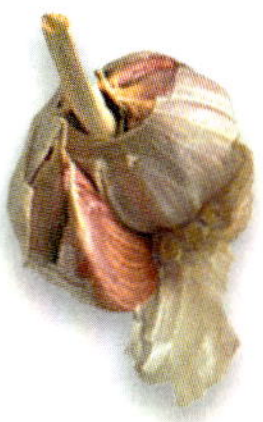

Die Pilze in Stücke zupfen, harte Stiele abschneiden. Knoblauch schälen, die Petersilie waschen und trockentupfen. Alles im Mixer mit dem Kreuzmesser zerkleinern. Eier, Salz und Pfeffer zufügen und kurz durchmixen.

Butter oder Öl in einer großen beschichteten Pfanne erhitzen, Eier zugießen und bei schwacher Hitze stocken lassen, bis sie am Rand fest, in der Mitte noch flüssig sind.

Eier vom Rand der Pfanne mit einem Spatel zusammenschieben und weiterbraten, bis sie gestockt, aber noch feucht sind. Mit Toast oder Baguette servieren.

TIPP Bereiten Sie die Rühreier für Gäste nach Wunsch zu. Die festen Zutaten können Sie in Schälchen bereitstellen, die Eier werden dann jeweils im großen Becher gemixt. Hier einige Vorschläge.

RÜHREI MIT KÄSE 30 Gramm mittelalten Parmesankäse im kleinen Becher mit dem Kreuzmesser fein zerkleinern. 2 Eier mit 1 Esslöffel Schmant im großen Becher mit dem Flachmesser durchmixen, in die Pfanne mit Fett gießen, mit dem Parmesan bestreuen und wie oben im Rezept beschrieben braten.

RÜHREI MIT SCHINKEN 2 Eier mit 50 Gramm rohem Schinken in Scheiben, 2 Zweigen Petersilie, Salz und Pfeffer im großen Becher mit dem Kreuzmesser mixen und wie oben braten.

RÜHREI MIT KRÄUTERN Eier mit Salz, Pfeffer und 1 Hand voll Kräuterblättchen im kleinen Becher mit dem Kreuzmesser aufmixen und wie oben braten.

RÜHREI ASIATISCH 1 Lauchzwiebel putzen und in Stücke schneiden. Mit 1 kleinen Stückchen frischem, geschältem Ingwer und 1 Knoblauchzehe im Mixer mit dem Kreuzmesser zerkleinern. 2 Eier mit 1 großen Messerspitze Currypulver, Salz und 1 Esslöffel Sahne zugeben, durchmixen und wie oben braten.

Mini-Spargel-Wraps ▷

Sie brauchen: Mixer, Flachmesser, Kreuzmesser
Zubereitung: 10 Minuten
Backzeit: 30 Minuten
Ergibt 20 Wraps

- 2 Eier
- ¼ l Milch
- 100 g Mehl
- Salz
- Öl zum Backen
- 3 dicke Stangen weißer Spargel
- 1 EL 8-Kräuter oder italienische Kräuter (TK)
- Pfeffer aus der Mühle
- 4 EL Schmant
- 20 Zahnstocher
- ¼ Salatgurke

Eier und Milch in den Mixer mit dem Flachmesser geben. Mehl mit Salz einstreuen und alles zum Teig mischen. In einer großen beschichteten Pfanne mit Öl nacheinander 5 Pfannkuchen backen und abkühlen lassen.

Für die Füllung den Spargel schälen, die holzigen Enden entfernen, die Stangen jeweils in 3 Stücke schneiden. Im heiß ausgespülten Mixer mit dem Kreuzmesser zerkleinern. Mit den Kräutern, Salz und Pfeffer würzen.

Die Pfannkuchen nebeneinander auf der Arbeitsfläche ausbreiten, mit dem Schmant bestreichen und mit der Spargelmischung belegen. Aufrollen und jeweils mit einem scharfen Messer in 4 Stücke schneiden. Jedes Stück auf einen Zahnstocher stecken.

Die Salatgurke schälen. In 20 Scheiben geschnitten als Garnitur auf die Wraps stecken.

Kartoffel-Plätzchen

Sie brauchen: Mixer, Kreuzmesser
Zubereitung: 10 Minuten
Backzeit: 20 Minuten
Ergibt 4–6 Portionen

- 500 g kleine Kartoffeln
- ½ Stange Lauch
- 1 mittelgroßes Ei
- Salz, Pfeffer aus der Mühle
- Geriebene Muskatnuss
- Fett zum Backen

Die Kartoffeln schälen, den Lauch putzen. Beide Zutaten waschen und in Stücke schneiden.

Kartoffeln nach und nach in den Mixer mit dem Kreuzmesser geben und zerkleinern. Die Lauchstücke zufügen und ebenfalls zerkleinern. Zum Schluss Ei und Gewürze zugeben und kurz durchmixen.

In einer großen beschichteten Pfanne Öl erhitzen. Kartoffelteig als handtellergroße Plätzchen aus dem Mixer in die Pfanne geben und bei mittlerer Hitze pro Seite knapp 3 Minuten backen.

TIPP Die Plätzchen schmecken köstlich mit Räucherlachs und saurer Sahne als Vorspeise oder als Beilage zu überbackenen Schnitzeln (→ Rezept Seite 23).

Mexican Quesadillas

Sie brauchen: 2 x großen Becher, Mixer, Kreuzmesser
Zubereitung: 20 Minuten
Backzeit: 10 Minuten
Ergibt 4 Portionen

- 150 g Erbsen (TK)
- 200 g Bergkäse
- 150 g gekochter Schinken
- 1 Selleriestange mit Grün
- 2 mittelgroße Tomaten
- 1 kleiner Zucchini (150 g)
- 1 rote Paprikaschote
- 1 Zwiebel
- ½ Bund Petersilie
- 1 Dose rote Bohnen (400 g)
- 200 g Schmant
- Je 1 TL Salz und scharfes Paprikapulver
- Je ¼ TL Kreuzkümmel und getrockneter Oregano
- Einige Spitzer Tabascosauce
- 4 große Weizentortillas (fertig gekauft)

Die Erbsen in einer Schüssel auftauen lassen. Den Backofen auf 220 °C vorheizen (Umluft 200 °C, Gas Stufe 4). Käse ohne die Rinde in Stücke schneiden und in einem großen Becher mit dem Kreuzmesser zerkleinern. Im zweiten großen Becher mit dem Kreuzmesser den Schinken grob zerkleinern.

Vom Sellerie die grünen Blättchen abzupfen und beiseite legen. Die Selleriestange waschen und in Stücke schneiden. Die Tomaten und die Zucchini waschen und in Stücke schneiden – dabei die Stielansätze entfernen. Die Paprika waschen, vierteln, die Trennwände und die Kerne entfernen. Die Gemüsestücke in einer Schüssel bereitstellen. Die Zwiebel schälen und vierteln, die Petersilie waschen, die Bohnen auf einem Sieb abgießen, kalt abspülen und abtropfen lassen.

Die Gemüsestücke und nach und nach im Mixer mit dem Kreuzmesser zerkleinern. Portionsweise in die Schüssel zu den Erbsen geben. Zwiebel mit Petersilie und Bohnen im Mixer pürieren und zum Gemüse geben.

Schmant, 2 Esslöffel Käse und alle Gewürze zufügen und gründlich untermengen. Erbsen, Sellerieblättchen und Schinken zufügen und mit einer Gabel locker mischen.

Tortillas in einer heißen Pfanne ohne Fettzugabe 1 bis 2 Minuten erhitzen, damit sie beim Füllen nicht brechen. Mit der Gemüsefüllung belegen, darüber zusammenklappen und nebeneinander in eine flache ofenfeste Form legen. Mit dem restlichen Käse bestreuen und im heißen Ofen (mittlere Schiene) 10 Minuten überbacken.

VARIANTE Das Gemüse wie oben zerkleinern und mit 300 Gramm krümelig gebratenem Rinderhackfleisch schmoren, bis die Mischung ziemlich trocken ist. Mit Salz, Pfeffer und Cayennepfeffer kräftig abschmecken. Heiße Tortillas damit füllen, mit nudelig geschnittenem Salat und zerkleinertem Käse bestreuen, aufrollen und sofort servieren.

Schnitzel überbacken

Sie brauchen: großen Becher, Mixer, Kreuzmesser
Zubereitung: 15 Minuten
Backzeit: 15 Minuten
Ergibt 4 Portionen

- 125 g Mozzarella
- 100 g Parmesankäse
- 500 g Tomaten
- 1 Knoblauchzehe
- 2 TL Oregano
- 4 Schweineschnitzel (je etwa 150 g)
- Salz, Pfeffer aus der Mühle
- 1 EL Mehl
- 1 EL Öl

Den Backofen auf 220 °C (Umluft 200 °C, Gas Stufe 4) vorheizen. Den Mozzarella würfeln.

Parmesankäse grob zerbröckeln und im großen Becher mit dem Kreuzmesser fein zerkleinern. Die Tomaten waschen und vierteln, dabei von den Stielansätzen befreien. Mit dem geschälten Knoblauch und dem Oregano im Mixer mit dem Kreuzmesser pürieren.

Die Schnitzel trockentupfen und mit dem Handballen flachdrücken. Mit Salz und Pfeffer würzen, im Mehl wenden und im heißen Öl bei mittlerer Hitze auf beiden Seiten insgesamt etwa 3 Minuten braten.

Nebeneinander in eine Gratinform legen. Tomaten, Mozzarella und Parmesan darüber verteilen. Schnitzel im heißen Backofen (mittlere Schiene) etwa 15 Minuten überbacken, bis der Käse leicht gebräunt ist.

Muschelnudel-Gratin

Sie brauchen: großen Becher, Mixer, Kreuzmesser
Zubereitung: 20 Minuten
Backzeit: 15 Minuten
Ergibt 4 Portionen

- 8 große Muschelnudeln zum Füllen und Überbacken (Conchiglione)
- Salz
- 150 g Bergkäse
- 1 rote Paprikaschote
- 2 Tomaten
- ½ Bund Basilikum
- 2 EL Crème fraiche
- Pfeffer aus der Mühle
- 3 EL Öl
- 1 Ei

Den Backofen auf 220 °C vorheizen (Umluft 200 °C, Gas Stufe 4). Muschelnudeln in reichlich Salzwasser 2 Minuten kürzer als die angegebene Kochzeit garen. Abgießen und abtropfen lassen.

Käse in Stücke schneiden und im großen Becher mit dem Kreuzmesser zerkleinern. Paprikaschote und Tomaten waschen, putzen und vierteln. Mit Basilikum und Crème fraîche im Mixer mit dem Kreuzmesser pürieren. Mit Salz und Pfeffer kräftig würzen und die Hälfte davon in eine Gratinform geben. Muschelnudeln mit den Öffnungen nach oben daraufsetzen und mit dem Öl ausstreichen.

Das restliche Tomatenpüree mit der halben Menge Käse und Ei mischen und in die Nudeln füllen. Den restlichen Käse darüber streuen. Nudeln im heißen Backofen (mittlere Schiene) etwa 15 Minuten überbacken.

Garnele & Mangodip ▷

Sie brauchen: kleinen Becher, Mixer, Kreuzmesser
Zubereitung: 20 Minuten
Marinieren: 1 Stunde
Ergibt 4 Portionen

- 8 Riesengarnelen in der Schale (je ca. 60 g)
- 1 Knoblauchzehe
- 1 Stück dünn abgeschnittene Zitronenschale (unbehandelt)
- Saft von 1 Zitrone
- 1 EL dunkles Sesamöl
- ¼ TL weiße Pfefferkörner
- 2 kleine oder 1 große Mango
- 2 EL weißer Balsamessig
- Saft von 1 Orange
- Salz, Cayennepfeffer
- 1 Prise Zucker
- 2 EL Öl

Die Garnelen aus den Schalen lösen, den schwarzen Darm mit einem scharfen Messer vorsichtig entfernen. Garnelen kalt abspülen, trockentupfen und in eine Schüssel geben.

Den Knoblauch schälen, mit Zitronenschale, Zitronensaft, Öl und Pfefferkörnern im kleinen Becher mit dem Kreuzmesser zerkleinern. Die Garnelen mit dieser Marinade gut mischen und zugedeckt im Kühlschrank 1 Stunde durchziehen lassen. Dabei einige Male wenden.

Die Mangos waschen, die Schale abziehen, das Fruchtfleisch in Scheiben oder Spalten vom Kern schneiden. Mit Essig und Orangensaft im Mixer mit dem Kreuzmesser pürieren. Mit Salz, Cayennepfeffer und Zucker abschmecken.

Die Garnelen aus der Marinade nehmen und im heißen Öl bei mittlerer bis starker Hitze pro Seite etwa 1 Minute braten, bis sie rundherum rosa sind. Mit Salz und Pfeffer würzen und mit dem Mangodip auf vorgewärmten Tellern anrichten. Dazu schmecken Wildreis oder frisches Baguette und ein Salat.

VARIANTE Auch eine schnell selbst gemixte Senfcreme passt zu den gebratenen Garnelen. 2 ganz frische Eigelbe mit 1 bis 2 Esslöffeln Kräuter-Dijonsenf, 1 Esslöffel Zitronensaft, 3 Esslöffeln Olivenöl, 100 Gramm Sahne, Salz und Pfeffer im kleinen Becher mit dem Flachmesser aufschlagen.

VARIANTE Für eine fruchtig-asiatische Sauce 100 Gramm Orangenmarmelade mit 50 Gramm Erdnussmus, 3 Esslöffel Sojasauce und 1 Esslöffel Essig im großen Becher mit dem Kreuzmesser aufmixen. Mit Pfeffer abschmecken, mit 1 Esslöffel gehackter Petersilie mischen.

GARNELEN-FINGER-FOOD Die Garnelen jeweils in drei Stücke schneiden, gebraten auf Holzspießchen stecken und zum China-Sherry-Dip oder zum Kräuterdip (→ Rezepte Seite 9) servieren.

Coq au plum

Sie brauchen: Mixer, Kreuzmesser
Zubereitung: 15 Minuten
Backzeit: 45 Minuten
Ergibt 6 Portionen

- 12 Hähnchenkeulen
- 1 TL Cayennepfeffer
- 1 TL Knoblauchsalz
- 1 TL Senfpulver
- Pfeffer aus der Mühle
- 3 EL Öl, Öl für das Blech
- 400 g reife Pflaumen
- 1 EL Ingwerkonfitüre
- 1–2 EL Sherry- oder Balsamessig
- Salz

Den Backofen auf 180 °C vorheizen (Umluft 160 °C, Gas Stufe 2).

Die Hähnchenkeulen kalt abspülen, trockentupfen und nach Wunsch häuten. Die Gewürze mit dem Öl mischen und die Keulen damit bestreichen. Nebeneinander auf ein mit Öl bestrichenes Backblech legen und im heißen Ofen (mittlere Schiene) etwa 45 Minuten backen. Dabei einmal wenden.

Die Pflaumen waschen, halbieren und dabei entsteinen. Mit der Ingwerkonfitüre, dem Essig, wenig Salz und einer kräftigen Prise Pfeffer im Mixer mit dem Kreuzmesser pürieren.

Die Hähnchenkeulen herausnehmen und auf einer vorgewärmten Platte mit der Sauce servieren.

Apple-glaze-Ribs

Sie brauchen: Mixer, Kreuzmesser
Zubereitung: 15 Minuten
Backzeit: 45 Minuten
Ergibt 6 Portionen

- 1 kg Spareribs
- Salz, Pfeffer aus der Mühle
- 3 EL Öl
- Öl für den Rost
- 1 Orange
- 2 Äpfel
- 2 EL Zitronensaft
- 1–2 EL scharfer Senf
- ¼ TL Sambal Oelek
- 3 EL Öl

Den Backofen auf 180 °C (Umluft 160 °C, Gas Stufe 2) vorheizen. Die Spareribs kalt abspülen, trockentupfen, mit Salz und Pfeffer würzen und auf den mit Öl bestrichenen Backofenrost legen. Im heißen Ofen (mittlere Schiene) etwa 40 Minuten backen, dabei alle Rippchen einmal wenden.

Inzwischen die Orange schälen und vierteln. Die Äpfel waschen, vierteln und entkernen. Obststücke mit Zitronensaft, scharfem Senf, Sambal Oelek und Öl im Mixer mit dem Kreuzmesser pürieren.

Die Spareribs noch etwa 15 Minuten braten und dreimal mit der Glasur bestreichen. Mit Grillkartoffeln oder Landbrot und Salat servieren.

TIPP Mit der Apfelglasur können Sie auch Koteletts bestreichen, und die Pflaumensauce im Rezept ganz oben passt gut zum Fleischfondue.

Magic für Süßes

Auf ins süße Schlemmerland! Lassen Sie sich von den kleinen Naschereien auf den folgenden Seiten verführen. Denn mit dem Magic Maxx sparen Sie so viel Zeit, dass Sie jedes Essen noch mit einem feinen Dessert krönen können. Wie wäre es mal mit einer fruchtigen Aprikosensauce über sahnigem Milchreis oder dem erfrischenden Beerensorbet aus tiefgefrorenen Früchten, das Sie mit Prosecco aufgießen? Zum Brunch backen Sie knusprig-heiße Pancakes, die Sie bei Tisch mit einer frisch gemixten Eierlikörsauce toppen.

Klar, dass der Magic Maxx wunderbare Obstsuppen püriert und jede leichte Creme für Ihr Sommer-Büfett rührt. Doch sogar Waffeln und Muffins schafft er im Handumdrehen. Und als Hit für Ihre nächste Kaffeestunde zaubern Sie eine köstliche Käsetorte mit dem Magic Maxx.

Milchreis & Aprikose ▷

Sie brauchen: Mixer, Kreuzmesser, großen Becher, Flachmesser
Zubereitung: 30 Minuten
Ergibt 4 Portionen

- 400 ml Milch
- 2 EL Puderzucker
- 1 TL abgeriebene Zitronenschale (unbehandelt)
- 100 g Rundkornreis
- 500 g Aprikosen
- 50 g Zucker
- 1 EL Vanillezucker
- 2 EL Zitronensaft
- ¼ l Apfelsaft
- Eventuell 1 EL Aprikosenlikör
- 100 g Sahne
- 4 Zweige Minze oder Zitronenmelisse

Die Milch mit Puderzucker und Zitronenschale unter Rühren zum Kochen bringen. Den Reis zugeben und zugedeckt bei schwächster Hitze etwa 25 Minuten garen, bis er weich, aber noch feucht ist.

Die Aprikosen waschen, vierteln und entsteinen – eine reife Aprikose zum Garnieren beiseite legen. Mit Zucker, Vanillezucker, Zitronensaft und Apfelsaft im Mixer mit dem Kreuzmesser pürieren. Die Sauce mit Likör abschmecken.

Die Sahne im großen Becher mit dem Flachmesser steif schlagen und locker unter den Reis rühren. Den heißen Milchreis in Dessertteller geben, die kalte Sauce darauf verteilen. Mit Aprikosenschnitzen und Minze garnieren.

ORANGENREIS MIT FEIGENSAUCE Den Milchreis mit reichlich abgeriebener Orangenschale kochen und mit 1 bis 2 Esslöffeln Orangenmarmelade mischen. 2 Dosen Feigen mit dem Saft aus der Dose im Mixer pürieren. Mit 3 Esslöffeln Zitronensaft abschmecken.

Pflaumen-Kuss

Sie brauchen: großen Becher, Kreuzmesser
Zubereitung: 10 Minuten
Ergibt 4 Portionen

- 40 g Makronen (fertig gekauft)
- 50 g Milchschokolade
- 250 g Sahne
- 1 TL Puderzucker
- 1 Glas Pflaumen (460 g)

Die Makronen und Schokoladenstücke im großen Becher mit dem Kreuzmesser fein zerkleinern.

Die Sahne mit dem Puderzucker im Mixer mit dem Flachmesser steif schlagen. Die Makronenmischung mit einer Gabel unterheben. Die abgetropften Pflaumen und die Sahne schichtweise auf Dessertgläser verteilen, Pflaumen dabei mit Fruchtsaft beträufeln.

STACHELBEER-BAISER-KUSS 1 Glas Stachelbeeren abtropfen lassen und auf Dessertschälchen verteilen. 1 Baisertörtchen im großen Becher mit dem Kreuzmesser zerkleinern. Die Sahne wie oben steif schlagen, mit dem Baiser mischen und auf die Stachelbeeren geben.

Aprikosenauflauf

Sie brauchen: Mixer, Flachmesser
Zubereitung: 10 Minuten
Backzeit: 40 Minuten
Ergibt 4 Portionen

- 3 EL Butter
- 1 großes Glas Aprikosen
- 2 EL Zitronensaft
- 150 g Mehl
- ½ l Milch
- 3 mittelgroße Eier
- 50 g Zucker
- 1 TL Vanillezucker
- 1 Prise Salz
- Puderzucker zum Bestreuen

Den Backofen auf 200 °C vorheizen (Umluft 180 °C, Gas Stufe 3). Eine Gratinform mit 1 Esslöffel zerlassener Butter ausstreichen. Die abgetropften Aprikosen in die Form geben und mit Zitronensaft beträufeln.

Das Mehl in eine Schüssel geben. Milch, Eier, Zucker, Vanillezucker, Salz und die restliche zerlassene Butter im Mixer mit dem Flachmesser mischen, zum Mehl gießen und mit dem Kochlöffel verrühren. Über den Aprikosen glattstreichen.

Den Auflauf auf der mittleren Schiene in etwa 40 Minuten goldbraun backen. Mit Puderzucker bestreuen.

FRANZÖSISCHER KIRSCHENAUFLAUF Aprikosen durch 700 Gramm Kirschen ersetzen. Entsteinen und in die Form geben. Teig wie oben zubereiten und eventuell mit 2 Esslöffeln Kirschwasser würzen.

Pfirsichgratin

Sie brauchen: kleinen Becher, Mixer, Kreuzmesser
Zubereitung: 10 Minuten
Backzeit: 5 Minuten
Ergibt 4 Portionen

- 4 große reife Pfirsiche
- 1–2 EL ungesalzene Pistazienkerne
- 80 g ungefüllte Mandel- oder Nusskekse
- 1 EL Zucker
- 50 g Frischkäse
- 1 EL weiche Butter
- 4 EL Orangensaft
- 2 Eigelbe

Den Ofen auf 220 °C vorheizen (Umluft 200 °C, Gas Stufe 4). Die Pfirsiche abziehen, halbieren und entsteinen. Mit der Höhlung nach oben in eine flache Gratinform legen.

Pistazien im kleinen Becher mit dem Kreuzmesser zerkleinern. Kekse, Zucker, Frischkäse, Butter, Saft und Eigelbe im Mixer mit dem Kreuzmesser glatt mixen.

Die Pfirsichhälften damit füllen und mit den Pistazien bestreuen. Etwa 5 Minuten goldbraun überbacken. Mit Schlagsahne oder Vanilleeis servieren.

VARIANTE 500 Gramm Zwetschen waschen, halbieren und entsteinen. In eine gefettete Gratinform geben. Die Masse wie oben mit zusätzlich ¼ Liter Milch mixen und über die Zwetschen gießen. Etwa 15 Minuten backen.

Erdbeersuppe

Sie brauchen: Mixer, Kreuzmesser
Zubereitung: 20 Minuten
Ergibt 4 Portionen

- 1 Vanilleschote
- 400 g Erdbeeren
- Etwa 100 g Zucker
- 2 kleine Stangen Rhabarber
- 3/8 l Erdbeer- oder Kirschsaft (Flasche)
- 150 g Schmant

Die Vanilleschote mit einem kleinen spitzen Messer der Länge nach aufschneiden und das Mark herauskratzen. Die Erdbeeren waschen und abzupfen. Mit dem Vanillemark und etwa 75 Gramm Zucker im Mixer mit dem Kreuzmesser pürieren.

Den Rhabarber waschen, die Fäden abziehen, die Stangen in knapp fingerbreite Stücke schneiden. Mit dem Saft in einen Topf geben und alles einmal aufkochen. Zugedeckt bei schwacher Hitze 10 Minuten garen. In den Mixer mit dem Erdbeerpüree geben, mit dem Kreuzmesser pürieren und abkühlen lassen. Zum Servieren den Schmant unterrühren.

HIMBEERCREME 400 Gramm Himbeeren vorsichtig waschen, mit 3 Kugeln Vanille- oder Haselnuss-Eis im Mixer mit dem Kreuzmesser pürieren und 10 Minuten ziehen lassen.

PREISELBEERCREME 1 Glas Preiselbeerkompott (etwa 250 Gramm) mit 2 Kugeln Zitroneneis im Mixer mit dem Kreuzmesser pürieren. Nach Wunsch mit weißem Rum abschmecken und zu heißen Bananenmuffins (→ Rezept Seite 36) servieren.

Eierlikörsauce

Sie brauchen: Mixer, großen Becher, Flachmesser
Zubereitung: 10 Minuten
Ergibt 4 Portionen

- 2 ganz frische Eigelbe
- 50 g Puderzucker
- 1 TL Vanillezucker
- 1/8 l Milch
- 3 EL Weinbrand oder weißer Rum
- 100 g Sahne

Die Eigelbe mit dem Puderzucker und dem Vanillezucker im Mixer mit dem Flachmesser durchmixen. Milch und Weinbrand oder Rum zugießen und weitere 1 bis 2 Minuten mixen.

Die Sahne im großen Becher mit dem Flachmesser steif schlagen und unter die Sauce ziehen.

TIPP Eierlikörsauce passt zu Aprikosenauflauf, Pancakes oder Zimtwaffeln (→ Rezepte Seite 30 und 38). Verwenden Sie unbedingt legefrische Eigelbe, und lassen Sie die Sauce nicht lange stehen!

Grießflammeri ▷

Sie brauchen: Mixer, Kreuzmesser
Zubereitung: 20 Minuten
Kühlzeit: 6 Stunden
Ergibt 4 Portionen

- ½ l Milch
- 1 Prise Salz
- 1 TL abgeriebene Zitronenschale (unbehandelt)
- 2 ½ EL Zucker
- 70 g Weichweizengrieß
- 2 ganz frische Eier
- 3 reife gelbe Pfirsiche
- 100 ml Maracujasaft
- 2 EL Zitronensaft
- 1 EL Honig
- 100 g Johannisbeeren

Die Milch mit Salz, Zitronenschale und 2 Esslöffeln Zucker unter Rühren zum Kochen bringen. Den Grieß langsam einstreuen und dabei weiter rühren, bis der Brei glatt ist. Zugedeckt bei schwacher Hitze 10 Minuten garen. Dabei immer wieder umrühren.

Die Eier trennen. Eigelb unter den ganz heißen Brei rühren. Eiweiß mit dem restlichen Zucker steif schlagen und unter den noch warmen Brei mischen.

Den Grießflammeri in kalt ausgespülten Dessertförmchen verteilen und zugedeckt im Kühlschrank etwa 6 Stunden ruhen lassen, bis er fest genug zum Stürzen ist.

Für die Sauce die Pfirsiche waschen, vierteln und dabei entsteinen. Mit den Obstsäften und dem Honig im Mixer mit dem Kreuzmesser pürieren.

Große Portionsteller mit etwas kaltem Wasser befeuchten. Flammeris mit einem spitzen Messer vom Rand der Förmchen lösen und stürzen. Mit der Sauce überziehen. Mit den Johannisbeeren garnieren.

Italienische Creme

Sie brauchen: Mixer, Kreuzmesser, Flachmesser
Zubereitung: 20 Minuten
Ergibt 4 Portionen

- 300 g Erdbeeren
- 100 g Löffelbiskuits
- 50 g Vollmilchschokolade
- 4 EL Orangenlikör
- 200 g Mascarpone
- 200 g Magerquark
- 3 EL Sahne
- 50 g Vanilleeis

Die Erdbeeren waschen, trockentupfen, abzupfen und in Stücke schneiden. Auf 4 Dessertschalen verteilen.

Löffelbiskuits und Schokoladestücke im Mixer mit dem Kreuzmesser zerkleinern. Auf den Erdbeeren verteilen und jeweils mit 1 Esslöffel Orangenlikör oder wahlweise Orangensaft beträufeln.

Mascarpone, Quark, Sahne und Eis im Mixer mit dem Flachmesser cremig mixen. Auf die Erdbeeren setzen.

TIPP Mascarpone ist herrlich für italienische Desserts: cremig, aber neutral im Geschmack.

Lebkuchenmousse

Sie brauchen: Mixer, kleinen und großen Becher, Kreuzmesser und Flachmesser
Zubereitung: 10 Minuten
Kühlzeit: 2 Stunden
Ergibt 4 Portionen

150 g Elisenlebkuchen
1 Glas Sauerkirschen oder Pflaumen (etwa 700 g)
2 EL Orangensaft
125 g Sahne
1 EL ungesalzene Pistazienkerne oder ungeschälte Mandeln

Die Oblaten der Lebkuchen abziehen, Kuchen zerbröckeln und mit 5 Esslöffeln Obstsaft aus dem Glas 10 Minuten einweichen. Mit Orangensaft im Mixer mit dem Kreuzmesser fein zerkleinern.

Die Sahne im großen Becher mit dem Flachmesser steif schlagen und mit den Lebkuchen mischen. Die Mousse 2 Stunden kühlen.

Das abgetropfte Obst in hohe Dessertgläser geben, die Mousse darauf setzen. Pistazien im kleinen Becher mit dem Kreuzmesser zerkleinern und darüber streuen.

KEKSMOUSSE MIT ERDBEEREN 150 Gramm beliebige Kekse mit 5 Esslöffeln Apfelsaft einweichen. Wie oben zerkleinern, mit Schlagsahne mischen und kühlen. 500 Gramm Erdbeeren mit 3 Esslöffeln Zucker pürieren. Auf Dessertschalen verteilen, die Mousse darauf setzen und mit Raspelschokolade bestreuen.

Beerensorbet

Sie brauchen: Mixer, Kreuzmesser
Wartezeit: 15–20 Minuten
Zubereitung: 5 Minuten
Ergibt 4 Portionen

1 Paket Beerencocktail (TK; 300 g)
3 EL Cassis
Etwa 400 ml gekühlter Prosecco
Einige Minzeblättchen

Die Beeren 15 Minuten gut antauen lassen; zu harte Beeren lassen sich nicht verarbeiten. Mit dem Cassis (schwarzer Johannisbeerlikör) und ¼ Liter Prosecco im Mixer mit dem Kreuzmesser pürieren und in eisgekühlte hohe Gläser geben. Restlichen Prosecco aufgießen. Beerensorbet mit Minze garnieren und sofort servieren.

BEERENEIS Die angetauten Beeren mit 50 Gramm Zucker und ⅛ Liter Apfelsaft im Mixer mit dem Kreuzmesser pürieren. Dabei 200 Gramm Sahne zugießen. Auf eisgekühlte Dessertschalen verteilen und sofort servieren.

Käsetorte

Sie brauchen: großen Becher, Mixer, Kreuzmesser
Zubereitung: 10 Minuten
Backzeit: 1 Stunde
Ergibt 4 Stücke

- 100 g Löffelbiskuits
- 50 g Butter
- Backpapier für die Form
- 2 Eier
- 400 g Rahmfrischkäse
- 150 g Magerjogurt
- 100 g Zucker
- ¼ TL abgeriebene Zitronenschale (unbehandelt)
- ½ Päckchen Vanillepuddingpulver
- ½ TL Backpulver

Den Backofen auf 180 °C vorheizen (Umluft 160 °C, Gas Stufe 2).

Die Löffelbiskuits im großen Becher mit dem Kreuzmesser fein zerkleinern. In einer mit Backpapier ausgelegten Springform verteilen. Mit der zerlassenen Butter beträufeln und mit einem Kochlöffel fest andrücken.

Eier mit Frischkäse, Jogurt, Zucker und Zitronenschale im Mixer mit dem Kreuzmesser kurz vermischen. Das Vanillepuddingpulver mit Backpulver vermischt durch die Öffnung zugeben und alles zu einer glatten Masse mixen.

Diese Masse auf dem Kuchenboden glattstreichen. Den Kuchen im heißen Backofen (mittlere Schiene) etwa 1 Stunde backen. Mit einem Holzstäbchen die Garprobe machen, den Kuchen herausnehmen und in der Form auskühlen lassen.

Heidelbeer plus

Sie brauchen: Mixer, großen Becher, Kreuzmesser, Flachmesser
Zubereitung: 10 Minuten
Ergibt 4 Portionen

- 500 g Heidelbeeren
- 2 EL Zucker
- 2 EL Cassis
- ⅛ l beliebiger Fruchtsaft
- 1 reife Nektarine
- 150 g Sahne
- 200 g Stracciatella-Eis

Die Heidelbeeren waschen und abtropfen lassen. 4 Esslöffel davon mit 1 Esslöffel Zucker, Cassis (Johannisbeerlikör) und Saft im Mixer mit dem Kreuzmesser pürieren. In einen Topf geben, erhitzen und heiß halten.

Die Nektarine waschen, halbieren, entsteinen und in Stücke schneiden. Mit den restlichen Beeren in Portionsschälchen geben. Die Sahne mit dem restlichen Zucker im großen Becher mit dem Flachmesser steif schlagen.

Die süße Sahne in jeweils einer dicken Rosette neben das Obst setzen. Das Eis portionieren und auf das Obst geben. Die heiße Sauce darüber gießen und das Dessert sofort servieren.

Bananenmuffins ▷

Sie brauchen: kleinen Becher, Mixer, Kreuzmesser
Muffinblech mit etwa 4 cm tiefen Mulden
Zubereitung: 10 Minuten
Backzeit: 20 Minuten
Ergibt 6 Muffins

- 80 g Butter
- 50 g ungeschälte Mandeln
- 100 g Mehl
- 60 g Zucker
- 1 TL abgeriebene Zitronenschale (unbehandelt)
- 1 ½ TL Trockenhefe
- 2 reife Bananen (etwa 300 g)
- 2 Eier
- 2 EL Zitronensaft
- Eventuell 1 TL Rum
- Puderzucker zum Bestreuen

Den Backofen auf 180 °C vorheizen (Umluft 160 °C, Gas Stufe 2). Die Butter zerlassen.

Die Mandeln im kleinen Becher mit dem Kreuzmesser nicht zu fein zerkleinern. Mit dem Mehl, dem Zucker, der Zitronenschale und der Hefe in eine Schüssel geben und gut vermischen.

Die Bananen schälen und im Mixer mit dem Kreuzmesser pürieren. Die Eier, den Zitronensaft, den Rum und die flüssige Butter zufügen und alles einige Sekunden mixen.

Zur Mehlmischung geben, mit einem Kochlöffel unterrühren und in den gefetteten Muffinmulden verteilen. Die Muffins im heißen Backofen (mittlere Schiene) etwa 20 Minuten backen, bis sie schön gebräunt sind. Auf einem Kuchengitter abkühlen lassen. Mit Puderzucker bestreuen.

VARIANTE Für Pfirsichmuffins statt der Bananen 2 reife Pfirsiche nehmen. Zusätzlich 50 Gramm gewürfelte Marzipanrohmasse mitmixen.

Walnusskonfekt ▷

Sie brauchen: Mixer, Kreuzmesser
Zubereitung: 10 Minuten
Ergibt etwa 40 Stück

- 100 g Butter
- 150 g beliebige ungefüllte Nusskekse
- 50 g Walnusskerne
- 100 ml Kaffeelikör
- 300 g weiße Schokolade

Die Butter zerlassen. Kekse und Nüsse im Mixer mit dem Kreuzmesser zerkleinern. Butter und Kaffeelikör zugeben und noch einmal kurz durchmixen. Die Masse kalt stellen, dann mit kalten Händen Kugeln daraus formen.

Die Schokolade im Wasserbad schmelzen. Die Kugeln auf Holzstäbchen spießen und in die Schokolade tauchen. Auf einem Kuchengitter trocknen lassen.

PISTAZIENTRÜFFEL Die Nusskekse durch Löffelbiskuits, die Walnusskerne durch ungesalzene Pistazienkerne ersetzen.

American Pancakes

Sie brauchen: Mixer, Flachmesser
Zubereitung: 10 Minuten
Ergibt 5 Portionen

- 250 g Mehl
- ½ TL Salz
- Etwas abgeriebene Zitronenschale (unbehandelt)
- 1 TL Backpulver
- 2 EL Butter
- 1 Ei
- 250 ml Buttermilch
- 2 TL flüssiger Honig
- Öl zum Backen

Das Mehl mit Salz, Zitronenschale und Backpulver in einer Schüssel mischen.

Die Butter zerlassen und zart bräunen. Mit Ei, der Buttermilch und dem Honig im Mixer mit dem Flachmesser verquirlen. Zum Mehl in die Schüssel gießen.

Alles mit einem Kochlöffel mischen. Eine große beschichtete Pfanne mit etwas Öl auspinseln und bei mittlerer Hitze heiß werden lassen. Pro Pancake 3 Esslöffel Teig zugeben und als etwa 10 Zentimeter großen, dicken Kuchen verstreichen. Bei mittlerer Hitze pro Seite knapp 3 Minuten backen.

TIPP Pancakes schmecken zum gemütlichen Brunch. Man isst sie warm, üppig mit Ahornsirup beträufelt.

Zimtwaffeln

Sie brauchen: großen Becher, Mixer, Kreuzmesser
Zubereitung: 10 Minuten
Backzeit: 30 Minuten
Ergibt 6 Portionen

- 250 g frische Cranberries
- 100 g brauner Zucker
- 3 EL roter Fruchtsaft
- 100 g kernlose Weintrauben
- 100 g Walnuss-, Cashew- und Pecannüsse gemischt
- 250 g Mehl, 1 TL Backpulver
- 1 gestrichener EL Ingwerpulver
- 1 EL Orangenschale
- 60 g Butter, 2 Eier
- 100 g brauner Zucker
- 2 EL Honig, 7 EL Wasser
- 1 TL gemahlener Zimt

Die Cranberries (eine größere Preiselbeerart, gibt es mittlerweile in vielen Supermärkten) waschen und abtropfen lassen. Mit Zucker und Saft im Mixer mit dem Kreuzmesser pürieren. Die Weintrauben waschen, abzupfen, halbieren und untermischen.

Die Nüsse im großen Becher mit dem Kreuzmesser zerkleinern. In einer Schüssel mit Mehl, Ingwerpulver, Orangenschale und Backpulver mischen.

Die Butter zerlassen. Mit Eiern, Milch, Zucker, Honig und Zimt im Mixer mit dem Kreuzmesser kurz durchmixen. Zum Mehl in die Schüssel geben und mit einem Kochlöffel zu einem geschmeidigen Teig mischen.

Die Backflächen des Waffeleisens fetten. Jeweils etwa 1 ½ Esslöffel Teig hineingeben, das Eisen schließen und jede Waffel 3 bis 4 Minuten backen. Die Zimtwaffeln noch heiß mit der Cranberry-Creme auf Dessertteller geben und sofort servieren.

»Magic« Getränke-Mix

Seine ganze Zauberkraft entfaltet der Magic Maxx natürlich bei den Getränken. Dabei geht es nicht nur um die Klassiker unter Longdrinks und Cocktails, sondern um eine breite Palette origineller Kreationen … ob gesund und vitaminreich, peppig und trendy oder gehaltvoll-sahnig.
Mixen Sie sich also mit dem kleinen Zauber-Maxx durch die Früchte des Sommers, verwöhnen Sie Ihre Party-Gäste mit cremigen Frappés und coolen Flips. Vielleicht wollen Sie ja auch eine fröhliche Magic-Maxx-Party feiern, bei der sich jeder seinen Drink nach Lust und Laune mischt. Doch der Magic Maxx ist auch ideal für stille Stunden, wenn Sie sich nach all der Hektik am Tag den abendlichen Wellness-Drink gönnen oder wenn Sie einen eiweißreichen Milch-Shake als Muntermacher brauchen.

Orange-Softie ▷

Sie brauchen: Mixer, Kreuzmesser
Zubereitung: 5 Minuten
Ergibt 2 Portionen

- 2 Orangen
- ¼ l Maracujasaft
- 2 EL Kokoscreme (Dose)
- 2 EL Zitronensaft
- 2 Ananasstücke
- 2 Cocktailkirschen

Die Orangen schälen und vierteln. Im Mixer mit dem Kreuzmesser pürieren, dabei Maracujasaft, Kokoscreme und Zitronensaft zugeben. Den Saft in hohe (Cocktail-)Gläser füllen.

Jeweils ein Ananasstück einschneiden und an die Glasränder klemmen. Die Kirschen mit einem Cocktailspieß an den Ananasstücken feststecken. Mit Trinkhalmen servieren.

FRUIT-MIX 3 schöne Erdbeeren und 1 Hand voll Johannisbeeren waschen und abzupfen. Die Früchte mit 1 Scheibe Ananas aus der Dose und 2 Esslöffeln Sanddornsirup im Mixer mit dem Kreuzmesser pürieren, dabei ¼ Liter beliebigen Fruchtsaft zugießen. Den Drink auf gekühlte Gläser verteilen und je 1 Kugel Erdbeereis zugeben.

Cidre-Cocktail

Sie brauchen: großen Becher, Kreuzmesser
Zubereitung: 5 Minuten
Ergibt 2 Portionen

- 1 kleiner Apfel
- 1 EL Limejuice
- 2 cl Apfelschnaps
- 2 Eiswürfel
- Eiskalter Cidre

Den Apfel vierteln, schälen und vom Kerngehäuse befreien. Mit Limejuice, Schnaps und Eiswürfeln im großen Becher mit dem Kreuzmesser pürieren. In eisgekühlte Gläser geben und mit dem Cidre auffüllen.

JUNI-FEVER 200 Gramm gewaschene, abgezupfte Erdbeeren mit 1 Esslöffel Orangensaft, 1 Gläschen Himbeergeist und Eiswürfeln pürieren. Mit eiskaltem Prosecco aufgießen.

BIRNEN-GEIST 1 kleine Birne vierteln, schälen und vom Kerngehäuse befreien. Mit 2 Esslöffeln Zitronensaft und 1 Gläschen Grappa im großen Becher mit dem Kreuzmesser pürieren. In eisgekühlte Gläser geben und mit Tonic-Water auffüllen.

JUNIOR-COCKTAIL Apfel mit 1 Esslöffel Bananensirup und 1 Esslöffel Orangensaft mixen, in Gläser füllen und mit Apfelsaft aufgießen.

Himbeermilch

Sie brauchen: Mixer, Kreuzmesser
Zubereitung: 5 Minuten
Ergibt 2 Portionen

- 300 g Himbeeren
- 1 EL brauner Zucker
- 1 Kugel Pistazieneis
- 400 g Dickmilch
- Etwas geriebene Muskatnuss oder Zimtpulver

Die Himbeeren waschen und trockentupfen. Mit dem Zucker und dem Eis im Mixer mit dem Kreuzmesser pürieren. Dabei die Dickmilch zugeben. Den Milchshake in eisgekühlte Gläser füllen, mit Muskat oder Zimt bestreut servieren.

KOKOSMILCH MIT SCHUSS Die Himbeeren wie im Rezept oben mit Zucker, 1 Kugel Kokosnusseis, 400 Gramm Vollmilchjogurt und 2 Esslöffeln Kokos- oder Orangenlikör durchmixen.

SCHOKO-NUSS-MILCH Je 1 Kugel Vanille- und Schokoladeneis mit 1 bis 2 Esslöffeln Nuss-Nougat-Creme und 400 Milliliter eisgekühlter Milch durchmixen. Auf eisgekühlte Gläser verteilen, mit bunten Zuckerperlen bestreuen.

Erdbeer-Frappé

Sie brauchen: Mixer, Kreuzmesser
Zubereitung: 10 Minuten
Ergibt 2 Portionen

- 400 g Erdbeeren
- 1 kleine Banane
- 2 Kugeln Vanilleeis
- 3 EL Sahne
- 2 EL Orangenlikör oder Orangensaft
- 1 große Erdbeere

Die Erdbeeren waschen, trockentupfen und abzupfen. Die Banane schälen und in 2 Stücke teilen. Obst im Mixer mit dem Kreuzmesser pürieren. Dabei Vanilleeis, Sahne und Likör oder Saft zugeben.

Frappé auf hohe Gläser verteilen. Die Erdbeere mit dem »Kelch« halbieren, die Hälften einschneiden und als Garnierung auf die Gläser stecken.

VARIANTE Für einen Espresso-Frappé 3 Tässchen kalten Espresso mit 2 Esslöffeln Kaffeelikör, 150 Gramm Sahne und 2 Kugeln Schokoladeneis im Mixer mit dem Kreuzmesser durchmixen. Den Frappé auf eisgekühlte hohe Gläser verteilen und nach Belieben mit Raspelschokolade bestreuen.

TIPP Frappés nennt man Drinks, die mit Eis, einem beliebigen Getränk und etwas Likör gemixt werden. Wichtig beim Frappé: Cremig, sahnig und süß soll er sein.

Bellini-Cocktail

Sie brauchen: großen Becher, Kreuzmesser
Zubereitung: 10 Minuten
Ergibt 1 Portion

- 1 reifer Pfirsich
- 1 Eiswürfel
- 1–2 Tropfen Grenadinesirup
- Eiskalter Sekt

Den Pfirsich abziehen, vierteln und entsteinen. Mit dem Eiswürfel und dem Grenadinesirup im großen Becher mit dem Kreuzmesser pürieren. In eine Sektflöte geben und mit dem Sekt auffüllen.

RASPBERRY-CAMPARI 1 Hand voll Himbeeren mit 1 Eiswürfel und 2 Esslöffeln Campari pürieren. Mit eisgekühltem Orangensaft auffüllen.

BLAUE STUNDE 1 Hand voll Brombeeren mit 1 Eiswürfel und 1 Teelöffel Honig pürieren. Mit gekühltem Roséwein auffüllen.

TIPP Diese 1-Personen-Drinks können Sie auf einer Party jeweils in einem Magic-Maxx-Becher mixen und sofort servieren. Die Zutaten bereiten Sie vor und stellen sie in den verschlossenen Bechern oder in abgedeckten Schälchen bereit.

Bananenflip

Sie brauchen: Mixer, Kreuzmesser
Zubereitung: 10 Minuten
Ergibt 2 Portionen

- 2 ganz frische Eigelbe
- 1/8 l eiskalte Milch
- 2 kleine Bananen
- 50 g Nusseis
- 2 EL Nuss- oder Aprikosenlikör
- Etwas Kakaopulver

Die Eigelbe mit der Milch im Mixer mit dem Kreuzmesser kurz aufschlagen. Die geschälten Bananen in Stücken durch die Öffnung zugeben und pürieren.

Das Eis und den Likör zugeben und noch einmal durchmixen. Auf eisgekühlte hohe Gläser verteilen und mit dem Kakaopulver bestäuben.

CHAMPAGNER FLIP 2 ganz frische Eigelbe mit je 4 Esslöffeln Weinbrand und Sahne sowie 1 Teelöffel Honig im großen Becher mit dem Flachmesser gut durchmixen. In zwei eisgekühlte Sektkelche geben und mit gekühltem Champagner auffüllen.

TIPP Flips werden mit Eigelb zubereitet. Achten Sie auf ganz frische Eier, damit der Flip gut bekömmlich und delikat ist. Flips auch immer rasch servieren, sonst besteht Salmonellengefahr.

Pink Pineapple ▷

Sie brauchen: Mixer, Kreuzmesser
Zubereitung: 10 Minuten
Ergibt 2 Portionen

300 g frische Ananas
1 rosa Grapefruit
⅛ l eiskalter Orangensaft
2 Kiwischeiben
2 Erdbeeren
2 Bananenstückchen

Die Ananas schälen und grob würfeln. Die Grapefruit mit einem scharfen Messer schälen und achteln.

Obststücke in den Mixer mit dem Kreuzmesser geben, pürieren und dabei den Orangensaft zugießen. Den Saft in hohe Gläser füllen. Pro Portion je 1 Kiwischeibe, Erdbeere und Bananenstück auf Cocktailspieße stecken und die Drinks damit garnieren.

EXOTIC FIZZ Je 100 Gramm frische Ananas und Honigmelone, 1 Kiwi und ½ Banane (alles geschält) mit 1 kleinen Flasche gekühltem Sodawasser nach und nach in den Mixer geben und mit dem Kreuzmesser pürieren. Auf gekühlte Gläser verteilen und nach Wunsch mit Sodawasser aufgießen.

GREEN LADY Den Exotic Fizz mit Gin und Pfefferminzsirup nach Geschmack würzen. Mit Limettenscheiben garnieren.

Poppy Cherry

Sie brauchen: großen Becher, Kreuzmesser
Zubereitung: 5 Minuten
Ergibt 1 Portion

2 EL Sauerkirschen (Glas)
2 EL Sauerkirschsaft (Glas)
50 g Marzipanrohmasse
100 g Vanillejogurt
1 TL Raspelschokolade

Die Kirschen mit dem Saft, grob zerkleinertem Marzipan und Jogurt im großen Becher mit dem Kreuzmesser pürieren. In ein eisgekühltes hohes Glas gießen, mit der Raspelschokolade bestreuen und sofort servieren.

HAPPY-SUMMER-DRINK 1 Hand voll frische Sauerkirschen – abgezupft und entsteint – mit 2 Esslöffeln Kirschsaft, 2 Esslöffeln Kirschlikör und 100 Gramm Kirschjogurt pürieren. Mit kaltem Sekt auffüllen.

BRIGHT SUMMER DREAM 100 Gramm gut gekühltes Honigmelonenfleisch würfeln, mit 2 Esslöffeln Orangenlikör und 100 Gramm ebenfalls gut gekühltem Pfirsich-Jogurt pürieren. In eisgekühlte Gläser füllen und mit gehackten, ungesalzenen Pistazienkernen bestreuen. Sofort servieren.

Scharfer Kiwidrink

Sie brauchen: Mixer, Kreuzmesser
Zubereitung: 10 Minuten
Ergibt 1 Portion

- 2 reife Kiwis
- 1/8 l Apfelsaft
- 1 TL Limetten- oder Zitronensaft
- 1/2 TL bunter Pfeffer
- 1 EL brauner Zucker
- 1/2 TL Tabascosauce

Kiwis schälen, mit Apfelsaft, Limetten- oder Zitronensaft, Pfeffer und Zucker im Mixer mit dem Kreuzmesser pürieren. Mit Tabasco würzen und auf eisgekühlte Gläser verteilen.

MIXED POWER 200 Gramm Wassermelonenfleisch mit je 1 geschälten Kiwi und Banane sowie 3/8 Liter Gemüsesaft pürieren. Mit Cayennepfeffer und Muskat abschmecken, in eisgekühlte Gläser geben. Mit Zitronenmelisse garnieren.

ENERGY DRINK 1 Selleriestange und 1 reife Tomate waschen und in Stücke schneiden, den Stielansatz der Tomate entfernen. Beide Gemüse und 150 Gramm Kefir im Mixer mit dem Kreuzmesser pürieren, dabei 1/4 Liter Ananassaft zugießen. Drink mit Salz abschmecken, in Gläser füllen und mit frischen Minze- oder Petersilienzweigen garnieren.

Almfrühling

Sie brauchen: Mixer, Kreuzmesser
Zubereitung: 10 Minuten
Ergibt 2 Portionen

- 1 Orange
- 2 Hand voll gemischte Kräuterblättchen
- 300 g Buttermilch
- 1 EL Schmant
- Salz
- Pfeffer aus der Mühle
- 1 TL Kürbiskernöl

Orange schälen und vierteln. Kräuterblättchen waschen und trockentupfen. Einige davon beiseite legen, den Rest in den Mixer mit dem Kreuzmesser geben.

Den Schmant und etwa die Hälfte der Buttermilch zugießen und alles gut durchmixen. Dabei die Orange und die restliche Buttermilch zugeben.

Den Drink mit Salz und Pfeffer würzen und auf gekühlte Gläser verteilen. Das Kernöl vorsichtig darauf träufeln, die Kräuterblättchen auf die Portionen setzen.

WINTER-POWER-DRINK 1 reife Avocado schälen, halbieren, entsteinen und mit der Buttermilch pürieren. Dabei eine geschälte Orange in Stücken zugeben. Den Drink mit Salz und Cayennepfeffer würzen und mit 1 Esslöffel 8-Kräutermischung (TK) verrühren.

Gurken-Minze-Drink

Sie brauchen: Mixer, Kreuzmesser
Zubereitung: 10 Minuten
Ergibt 2 Portionen

- 1 Minigurke
- 1 Knoblauchzehe
- 100 g Vollmilchjogurt
- ¼ l Mineralwasser
- 2 Eiswürfel
- 2 Minzezweige

Die Gurke schälen und in Stücke schneiden. Mit dem geschälten Knoblauch im Mixer mit dem Kreuzmesser pürieren. Dabei Jogurt, Mineralwasser und Eiswürfel zugeben.

Den Drink in eisgekühlte hohe Gläser füllen, mit der Minze garnieren und sofort servieren.

DEVIL'S DRINK 1 Minigurke schälen und pürieren, dabei ¼ Liter Multivitaminsaft, 2 Esslöffel Chilisauce und 1 bis 2 Teelöffel braunen Zucker zugeben. In eisgekühlte Gläser füllen und mit Korianderblättchen garnieren.

TIPP Chilisauce gibt es fertig in Asienläden. Die brennend scharfe Mischung besteht aus Chilis, Tomatenmark, Ingwer und Gewürzen; sie passt auch zu Dips und Grillsaucen.

Feurige Mary

Sie brauchen: Mixer, Kreuzmesser
Zubereitung: 10 Minuten
Ergibt 2 Portionen

- 3 reife Tomaten
- 2 reife Nektarinen
- 1 rote Chilischote
- 2 EL Himbeer- oder Sherryessig
- 1 TL Olivenöl
- Salz
- 1 Prise Zucker
- 4 Stangen Sellerie mit Grün

Tomaten und Nektarinen waschen und abtrocknen. Beide Zutaten vierteln, dabei die Stielansätze der Tomaten und die Steine der Nektarinen entfernen. Die Chilischote von den Trennwänden und Kernen befreien und kalt abspülen.

Alles mit Essig, Olivenöl, Salz und Zucker im Mixer mit dem Kreuzmesser pürieren und auf eisgekühlte Gläser verteilen. Die gewaschenen Selleriestangen zum »Umrühren« in die Gläser stellen.

TOMATE & GIN 3 reife Tomaten waschen und vierteln. Mit 1 Hand voll Basilikumblättchen, 2 Esslöffel Tomatenketchup, 1 Esslöffel Olivenöl und 1 Gläschen Gin im Mixer mit dem Kreuzmesser pürieren. Auf eisgekühlte Gläser verteilen und nach Wunsch mit kaltem Mineralwasser auffüllen.

Über dieses Buch

Die Autorin Dr. Barbara Rias-Bucher, Mitglied des Food Editors Club, arbeitet seit über 20 Jahren für renommierte Verlage. International bekannt wurde sie durch ihre mehrfach ausgezeichneten Bücher zu vegetarischer und vollwertiger Ernährung. Die Auflage ihrer etwa 150 Bücher liegt bei 2,5 Millionen. Barbara Rias-Bucher zählt zu den wichtigsten deutschen Autoren für Koch- und kulinarische Sachbücher. Sie gilt als Expertin für alternative Ernährungsformen, die auch Feinschmecker mögen. Daneben hat sich die studierte Historikerin auf regionale kulinarische Traditionen und auf die internationale Kultur des Essens spezialisiert.

Der Fotograf Karl Newedel, Münchner Fotodesigner, sammelte nach seiner Ausbildung zum Koch nationale wie internationale Erfahrung in großen Häusern, bevor er sich 1982 als freischaffender Food-Stylist einen Namen machte. Seit 1996 agiert er selbst hinter der Kamera und gibt mit seinen Fotografien zahlreichen Büchern ein unverwechselbares Gesicht.

... und noch ein Hinweis in eigener Sache
Unsere Rezepte werden von erfahrenen Fachautoren kreiert und erprobt.
Wir freuen uns jedoch über Anregungen, Tipps oder Kritik und helfen bei Fragen gern weiter. Bitte wenden Sie sich an:
Weltbild Buchverlag, Steinerne Furt 67, 86167 Augsburg
oder schicken Sie uns eine E-Mail an: Gabriele.Beck@weltbild.com

Haftungsausschluss Die Inhalte dieses Buches sind sorgfältig recherchiert und erarbeitet worden. Dennoch kann weder die Autorin noch der Verlag für die Angaben in diesem Buch eine Haftung übernehmen.

Bildnachweis Alle Fotos: Karl Newedel, München, mit folgenden Ausnahmen: Helga Florian, Weiden (Seite 16, 21 und 33), Fotodesign Rohner, München (Seite 41 und 45), PhotoAlto, Paris – Rozenbaum & Cirou (Seite 19, 22, 34 und 47).

Weltbild Buchverlag
–Originalausgaben–

15. Auflage 2007

Projektleitung: Gerald Fiebig
Redaktion: Verena Zemme
Umschlag, Layout und Satz: Lydia Koch, Augsburg
Titelfotos: Karl Newedel, München
Reproduktion: Point of Media GmbH, Augsburg
Druck und Bindung: Offizin Andersen Nexö Leipzig GmbH, Zwenkau

Gedruckt auf chlorfrei gebleichtem Papier
Printed in Germany
ISBN 978-3-89897-217-8